PETITS PRATIQUES CUISINE

Purées pour les grands

Cyril Lignac
Stéphan Lagorce

Photographies : Philippe VAURÈS-SANTAMARIA
Stylisme : Caroline VIETZEL et John BENTHAM

HACHETTE
Pratique

Sommaire

Signification des symboles

★ très facile	€ bon marché
★★ facile	€€ raisonnable
★★★ difficile	€€€ cher

Ma petite collection rien que pour vous...

Parce qu'il est temps de sortir des clichés qui opposent cuisine de chef et cuisine de tous les jours, j'ai décidé de vous donner le meilleur de mes recettes. La collection des Petits Pratiques Hachette, qui marie depuis longtemps le beau et le bon, va mettre tous mes secrets à votre portée.

En effet, moi aussi je me fais la cuisine au quotidien, moi aussi je suis accro au chocolat, nostalgique des tartes Tatin de ma mère ou des purées de mon enfance, alors pourquoi garder pour moi des secrets de cuisine que vous pouvez aussi faire chez vous ?

Que ce soit pour les dîners de pâtes à la fin du mois, les soirées en tête-à-tête ou les dimanches avec les parents, toutes les occasions sont bonnes pour se mettre en cuisine et régaler ses invités. Pas besoin d'être un chef pour cela, il suffit de suivre mes conseils...

J'ai donc imaginé pour vous des recettes hyper simples, expliquées en détail et toujours illustrées, pour vous donner des idées de présentation originales qui feront de l'effet. Dans chaque recette, je vous propose mes trucs et mes astuces de chef pour bien choisir vos produits, faire les bons gestes ou ne pas rater l'étape cruciale de la cuisson : bref, tout ce qui vous aidera à réussir vos recettes à tous les coups !

Faites-moi confiance, relevez vos manches et on va se régaler...

Cyril Lignac

À découvrir

Écrasée de pommes de terre et petits pois

Pour **8 à 10 personnes** – Préparation : **35 minutes** – Cuisson : **35 minutes**

Difficulté : ★ - Coût : €

- 1,5 kg de pommes de terre
- 600 g de petits pois frais
(ou 300 g de petits pois surgelés)
- 1 botte d'oignons nouveaux
- 1/2 botte de persil plat
- 200 g de beurre
- 3 ou 4 cuil. à soupe d'huile
- Gros sel
- Sel, poivre

1 Épluchez les pommes de terre puis faites-les cuire dans de l'eau légèrement salée pendant une bonne demi-heure. Pendant ce temps, écossez les petits pois ou laissez-les décongeler. Plongez-les 1 min dans de l'eau bouillante salée.

2 Épluchez les oignons puis coupez-les en lamelles assez fines. Faites-les cuire à feu doux avec 3 ou 4 cuillerées à soupe d'huile pendant 4 à 5 min dans une cocotte ; mélangez régulièrement. Pendant ce temps, effeuillez le persil.

3 Sortez la cocotte du feu, puis ajoutez les pommes de terre cuites, le beurre coupé en petits morceaux, puis écrasez le tout à la fourchette. Ajoutez alors les petits pois et le persil. Salez, poivrez et servez bien chaud.

Les conseils de Cyril

Pour que cette purée conserve son caractère un peu rustique, n'écrasez pas complètement toutes les pommes de terre et veillez à ce que les petits pois restent bien entiers.
Vous pouvez remplacer les oignons par 4 gousses d'ail nouveau.

minced
Pudding
(Fr pudding aux Nouilles)

Purée de céleri au carvi

Pour **6 à 8 personnes** – Préparation : **25 minutes** – Cuisson : **35 minutes**

Difficulté : ★ - Coût : €

- 1 kg de céleri boule
- 500 g de pommes de terre
- 1 poignée de riz
- 1 cuil. à café de graines de carvi
- 110 g de beurre
- 2 l de lait
- Sel, poivre

1 Épluchez le céleri et les pommes de terre. Coupez-les en cubes. Faites bouillir le riz dans 1 litre d'eau pendant 2 min. Pilez finement les graines de carvi (dans un mortier ou sur le dos d'une casserole).

2 Dans une casserole, assemblez les légumes, le lait, du sel et du poivre, puis ajoutez assez d'eau pour recouvrir le tout. Faites cuire à feu doux pendant une bonne demi-heure puis égouttez en conservant un peu de jus de cuisson.

3 Passez les légumes au presse-purée ou au mixeur puis mélangez la pulpe obtenue avec le beurre, le carvi, du sel et du poivre. Ajustez la consistance de la purée avec le jus de cuisson bien chaud.

Les conseils de Cyril

Cette purée est parfaite avec des poissons comme la daurade, le bar ou le saint-pierre. Pour qu'elle reste bien blanche, les légumes doivent toujours être complètement recouverts de liquide en cours de cuisson.

Purée de courgettes à la coriandre et au citron vert

Pour **6 à 8 personnes** – Préparation : **25 minutes** – Cuisson : **35 minutes**

Difficulté : ★ - Coût : €

- 1,2 kg de petites courgettes
- 400 g de pommes de terre
- Le jus de 1 citron vert
- 1 botte de coriandre
- 2 cuil. à soupe de parmesan
- 10 cl d'huile d'olive
- 4 pincées de piment de Cayenne
- Sel

1 Lavez les courgettes, éliminez les extrémités puis coupez-les en tranches. Épluchez les pommes de terre et coupez-les en tranches. Prélevez les feuilles de la botte de coriandre.

2 Dans le cuit-vapeur, démarrez la cuisson des pommes de terre. Après 15 min, ajoutez les courgettes. Laissez cuire ensuite 20 min environ.

3 Passez les légumes au mixeur puis mélangez la pulpe obtenue avec la coriandre finement hachée, l'huile d'olive, le jus du citron vert, le piment de Cayenne et le parmesan. Salez et servez bien chaud.

LES CONSEILS DE CYRIL

Vous pouvez servir cette purée avec des poissons grillés ou du poulet rôti.
Pour que la préparation reste bien verte, ne faites pas trop cuire les courgettes et ne la réchauffez pas.
Si vous n'aimez pas la coriandre, remplacez-la par de la ciboulette ciselée.

Purée de carottes et gingembre à l'huile d'argan

Pour **6 à 8 personnes** – Préparation : **35 minutes** – Cuisson : **35 minutes**

Difficulté : ★ - Coût : €

- 1,2 kg de carottes
- 400 g de pommes de terre
- 1 tronçon de gingembre frais gros comme le pouce
- 5 cl d'huile d'argan (épiceries bio)
- 90 g de beurre
- Sel, poivre
- Cumin (facultatif)

1 Épluchez les carottes, les pommes de terre et le gingembre, puis coupez-les en tranches. Faites-les tous cuire à l'eau salée pendant 30 min.

2 Quand les légumes sont cuits et tendres, égouttez-les et réduisez-les en fine purée à l'aide du mixeur.

3 Salez, poivrez, ajoutez l'huile d'argan, le beurre et, si vous aimez, une bonne pointe de cumin. Servez bien chaud.

Les conseils de Cyril

Pour que vos purées soient savoureuses, ne faites jamais cuire les légumes plus que nécessaire, sinon ils perdent toute leur saveur.
L'huile d'argan possède une saveur unique et très prononcée. De plus, elle est excellente pour la santé.

Pain de veau et bœuf haché

Pour **6 à 8 personnes** – Préparation : **35 minutes** – Cuisson : **40 minutes**

Difficulté : ★ - Coût : €

- 500 g de bœuf haché
- 500 g de veau haché
- 3 oignons blancs
- 2 gousses d'ail
- 2 œufs
- 80 g de fromage râpé
- 2 cuil. à soupe de farine
- 40 g de chapelure
- 6 cuil. à soupe de ketchup
- 3 ou 4 cuil. à soupe d'huile de tournesol
- Sel, poivre

1 Épluchez les oignons et les gousses d'ail, hachez-les, puis faites-les cuire 10 min, à feu doux avec 3 ou 4 cuil. à soupe d'huile. Réservez.

2 Dans un saladier, assemblez les viandes, la chapelure, la farine, le ketchup, la moitié du fromage râpé, les œufs, du sel, du poivre, l'ail et les oignons cuits. Mélangez jusqu'à obtenir une farce bien homogène.

3 Faites-en cuire un peu dans une poêle antiadhésive, goûtez et, si nécessaire, rectifiez l'assaisonnement. Huilez la plaque du four et placez la farce dessus en lui donnant la forme d'un gros pain.

4 Enfournez à 200 °C (th. 6-7) et laissez cuire 20 min ; saupoudrez alors avec le reste du fromage et faites cuire encore 10 bonnes min. Laissez refroidir quelques instants avant de servir ce pain de viande coupé en tranches.

Le conseil de Cyril

Servez ce pain avec une bonne salade verte. Cette recette, très populaire au Canada, est assez méconnue chez nous, pourtant les enfants l'adorent.

Porc haché à la thaïlandaise

Pour **6 personnes** – Préparation : **35 minutes** – Cuisson : **14 minutes**

Difficulté : ★ - Coût : €

- 600 g de viande de porc fraîche hachée (échine ou épaule)
- 400 g de pois gourmands
- 1 blanc de poireau haché
- 2 oignons blancs hachés
- 4 gousses d'ail hachées
- 1 cuil. à café de gingembre frais haché
- 1 piment rouge haché
- 2 cl de vin blanc sec
- 20 cl de sauce aigre-douce en bouteille
- 6 cl de sauce soja
- 2 cuil. à soupe d'huile de tournesol
- Sel, poivre noir

1 Faites chauffer l'huile dans une cocotte à feu assez vif, puis ajoutez les oignons, l'ail, le gingembre et le poireau. Mélangez avec une cuillère en bois et laissez cuire pendant 2 min.

2 Ajoutez le piment et le porc. Salez, poivrez et faites cuire pendant 8 min environ toujours à feu assez soutenu, en remuant souvent. Versez ensuite le vin blanc, la sauce aigre-douce et la sauce soja. Portez à ébullition et laissez cuire lentement pendant 2 min.

3 Pendant ce temps, éboutez puis faites cuire les pois gourmands environ 1 min dans un grand volume d'eau salée.

4 Répartissez les pois gourmands dans 4 assiettes de service et servez le hachis de porc par-dessus.

Les conseils de Cyril

Proposez un peu de riz avec cette recette qui se déguste à la cuillère.
Pour une version « vraiment » thaïlandaise, multipliez le nombre de piments prévu ici par 7 ou 8…

Hachis de crevettes vapeur au tofu

Pour **4 à 6 personnes** – Préparation : **40 minutes** – Cuisson : **10 minutes**

Difficulté : ★★ - Coût : €€€

Pour le hachis :
- 500 g de queues de crevettes crues décortiquées et décongelées
- 100 g de pousses de bambou égouttées
- 100 g de shiitakes hachés
- 1 cuil. à café de gingembre frais haché
- 2 cubes de tofu
- 1 blanc d'œuf
- 1 cuil. à soupe de Maïzena
- 1 cuil. à soupe d'huile de sésame
- Sel, poivre

Pour la sauce :
- 15 cl de sauce soja
- 1 cuil. à soupe d'huile de sésame

1 Dans le mixeur, assemblez les crevettes, le blanc d'œuf et la Maïzena. Réduisez le tout en purée pas trop fine, puis placez dans un saladier. Ajoutez les pousses de bambou et les shiitakes hachés, l'huile de sésame, le gingembre, du sel, du poivre.

2 Coupez le tofu en morceaux rectangulaires et déposez sur chaque morceau 1 grosse cuillerée à soupe de hachis de crevettes. Placez les bouchées ainsi obtenues dans le cuit-vapeur et laissez cuire 10 min.

3 Pendant ce temps, préparez la sauce en mélangeant les ingrédients. Présentez les bouchées dans une assiette en les nappant de sauce.

Les conseils de Cyril

Cette recette est parfaite en entrée.
Pour aller plus vite, vous pouvez tout préparer à l'avance et ne faire cuire les bouchées qu'au tout dernier moment.

Jours de fête

Purée de potiron vanillée

Pour **6 à 8 personnes** – Préparation : **35 minutes** – Cuisson : **35 minutes**

Difficulté : ★ - Coût : €

- 900 g de potiron
- 600 g de pommes de terre
- 1 poignée de riz
- 2 gousses de vanille
- 130 g de beurre
- 2 l de lait
- Sel, poivre

1 Épluchez le potiron et les pommes de terre. Coupez-les en cubes. Faites bouillir le riz dans 1 litre d'eau pendant 2 min. Ouvrez les gousses de vanille dans la longueur et récupérez ensuite les petites graines noires qui s'y trouvent.

2 Dans une casserole, mettez les légumes, le lait, assez d'eau pour tout couvrir, du sel et du poivre. Faites cuire lentement une bonne demi-heure, puis égouttez en conservant un peu de jus de cuisson.

3 Passez les légumes au mixeur puis mélangez la pulpe ainsi obtenue avec le beurre coupé en morceaux, les graines de vanille, du sel et du poivre. Ajustez la consistance de la purée avec le jus de cuisson bien chaud.

LES CONSEILS DE CYRIL

Proposez cette purée avec du veau ou du porc rôti.
Vous pouvez remplacer le potiron par des châtaignes ou un mélange châtaignes/potimarron.

Purée de cocos à la truffe noire

Pour **6 personnes** – Préparation : **25 minutes** – Cuisson : **1 heure 35** – Trempage : **12 heures**
Difficulté : ★ - Coût : €€€

- 400 g de cocos secs
- 3 l de bouillon de poule (ou de bœuf)
- 10 cl de crème fraîche épaisse
- 90 g de beurre
- 1 truffe de 40 g environ
- 5 cl d'armagnac
- Sel, poivre

1 Laissez tremper les haricots une nuit dans de l'eau froide. Faites-les blanchir à l'eau bouillante, puis mettez-les à cuire dans de l'eau non salée ou du bouillon pendant 1 h 30. Les haricots doivent être complètement cuits et mous.

2 Hachez finement la truffe, placez-la dans une petite casserole avec l'armagnac et 5 cl de bouillon ou d'eau. Laissez cuire à feu très doux, à couvert pendant 5 min.

3 Pendant ce temps, égouttez les haricots, puis mixez-les pour obtenir une pâte bien fine. Ajoutez alors la crème, le beurre, la truffe et son jus. Mélangez bien, salez, poivrez et servez bien chaud.

Les conseils de Cyril

Réservez cette recette aux jours de fête, en accompagnement d'une belle volaille farcie ou d'une côte de bœuf.
L'association de ces deux ingrédients si éloignés, l'un très commun et l'autre rare et coûteux est une vraie réussite.

Parmentier de confit de canard

Pour **6 à 8 personnes** – Préparation : **35 minutes** – Cuisson : **45 minutes**

Difficulté : ★★ - Coût : €€

- 4 cuisses de confit de canard
- 1,5 kg de pommes de terre
- 1 botte d'oignons nouveaux
- 20 cl de lait
- 100 g de beurre + 1 noix pour le moule
- 2 cuil. à soupe de graisse de canard
- 5 cl d'armagnac
- 3 cuil. à soupe de chapelure
- Sel, poivre

1 Épluchez les pommes de terre et faites-les cuire dans un grand volume d'eau salée. Égouttez-les et passez-les au presse-purée. Mélangez la pulpe ainsi obtenue avec le lait frémissant et le beurre coupé en morceaux. Salez et poivrez.

2 Éliminez les os des cuisses du confit et émiettez grossièrement les chairs. Coupez la peau en morceaux. Épluchez et émincez les oignons.

3 Faites chauffer la graisse de canard et ajoutez les oignons ; comptez 10 min de cuisson en mélangeant régulièrement. Ajoutez ensuite le confit, mélangez et faites revenir 5 min. Poivrez et versez l'alcool.

4 Beurrez un plat et versez-y le confit aux oignons. Faites une couche assez plate et déposez la purée par-dessus. Lissez la surface. Parsemez de quelques parcelles de beurre, saupoudrez de chapelure et faites cuire au four chauffé à 200 °C (th. 6-7) pendant 30 min.

Les conseils de Cyril

Cette recette est délicieuse avec les confits, mais tout aussi succulente avec des restes de viande ou de volaille rôtie.
Pour lui apporter une saveur délicate et croquante, saupoudrez ce Parmentier d'un peu de parmesan.

Veau haché à la basque

Pour **4 personnes** – Préparation : **35 minutes** – Cuisson : **15 minutes**

Difficulté : ★ - Coût : €€

- 600 g de veau haché
- 2 tranches de jambon de Bayonne
- 3 poivrons (1 rouge, 1 vert, 1 jaune)
- 2 tomates
- 1 oignon blanc
- 2 gousses d'ail hachées
- 10 cl de coulis de tomates en brique
- 1 branchette de thym frais
- 1 piment d'Espelette frais, haché
- Quelques feuilles de basilic, hachées
- 3-4 cuil. à soupe d'huile d'olive
- Sel, poivre

1 Hachez l'oignon et les poivrons au mixeur puis faites-les cuire 5 min dans une sauteuse à feu moyen dans l'huile d'olive. Ajoutez le thym et le veau. Salez, poivrez et faites cuire 5 min, en remuant régulièrement.

2 Ajoutez les tomates coupées en dés, l'ail, le piment, le jambon grossièrement haché et le coulis de tomates, puis laissez cuire à couvert pendant 3 min. Ajoutez alors le basilic et 3 cuillerées à soupe d'huile d'olive. Éliminez le thym, rectifiez l'assaisonnement et servez avec du riz nature.

Les conseils de Cyril

Ce plat, nommé aussi *Oxoa* se déguste à la cuillère.
On trouve maintenant des steaks de veau hachés dans le commerce. Ils conviennent très bien pour réaliser cette recette.

Hachis de légumes à la coriandre

Pour **6 à 8 personnes** – Préparation : **35 minutes** – Cuisson : **15 minutes**

Difficulté : ★★ - Coût : €

- 4 tomates
- 5 courgettes
- 3 poivrons (1 rouge, 1 vert, 1 jaune)
- Le jus de 1 citron
- 2 oignons blancs
- 2 gousses d'ail
- 2 bottes de coriandre
- 10 cuil. à soupe d'huile d'olive
- Sel, poivre

1 Plongez les tomates quelques instants dans de l'eau bouillante. Sortez-les, pelez-les et coupez-les en petits cubes. Épluchez les oignons, épépinez les poivrons, coupez les extrémités des courgettes et lavez-les. Épluchez l'ail et effeuillez la coriandre.

2 À l'aide d'un couteau ou au mixeur, hachez finement tous les légumes. Faites chauffer 3 ou 4 cuillerées à soupe d'huile d'olive dans une très grande poêle, ajoutez les oignons et laissez cuire 5 min. Ajoutez les poivrons, laissez cuire 5 min, puis incorporez les courgettes et l'ail. Salez, poivrez et faites cuire encore 5 min à feu assez soutenu. Les légumes doivent rester un peu croquants. Versez-les dans un plat et laissez-les refroidir.

3 Hachez la coriandre, puis ajoutez-la aux légumes avec les tomates, le jus de citron et 6 cuillerées à soupe d'huile d'olive. Servez ce hachis très frais.

LES CONSEILS DE CYRIL

Pour une présentation raffinée, servez cette entrée dans des verres.
Choisissez des courgettes de petit diamètre : leur chair est bien plus ferme. Si vous en trouvez, prenez des courgettes jaunes, elles sont délicieuses.

En famille

Ma purée de pommes de terre

Pour **6 à 8 personnes** – Préparation : **25 minutes** – Cuisson : **30 minutes**

Difficulté : ★ - Coût : €

- 1,5 kg de pommes de terre
- 22 cl de lait
- 150 g de beurre
- 2 pincées de noix muscade
- Piment de Cayenne
- Sel

1 Faites cuire les pommes de terre à la vapeur jusqu'à ce qu'elles soient tendres, puis épluchez-les. Passez-les ensuite au presse-purée.

2 Faites frémir le lait avec la muscade et ajoutez du piment de Cayenne, à votre goût. Ajoutez alors les pommes de terre puis le beurre coupé en morceaux. Salez.

Les conseils de Cyril

Une bonne partie de la réussite de la purée réside dans la qualité des pommes de terre.
Pour éviter toute surprise, prenez de la BF 15. Vous pouvez également essayer la charlotte.
Et si vous désirez un goût un peu plus « sucré », optez pour des belles de Fontenay.

Les règles de base d'une bonne purée

- N'épluchez pas les pommes de terre avant cuisson : de cette manière, elles ne se gorgent pas d'eau et gardent leur saveur, aussi discrète soit-elle.
- Ne mélangez pas la purée trop longtemps avec le beurre et le lait, sinon sa consistance devient élastique.
- Selon la qualité des pommes de terre et la consistance que vous voulez obtenir, il faut soit ajouter, soit retrancher un peu de lait.
- Dégustez la purée dès qu'elle est prête : l'attente, au chaud comme au froid, en altère la saveur.

Purée de pois cassés au bacon grillé

Pour **6 à 8 personnes** – Préparation : **35 minutes** – Cuisson : **35 minutes**

Difficulté : ★ - Coût : €

- 500 g de pois cassés
- 200 g de fines tranches de bacon (ou de lard fumé)
- 6 oignons nouveaux
- 3 cl de lait
- 6 cl de crème fraîche entière
- 80 g de beurre
- 1 botte de ciboulette
- Piment de Cayenne
- Noix muscade
- Sel

1 Placez les pois dans une casserole, couvrez d'eau, portez à ébullition et laissez bouillir 1 min. Égouttez puis remettez à cuire dans de l'eau non salée pendant 35 min. Quand les pois sont bien mous, laissez-les reposer 5 min.

2 Placez les tranches de bacon dans une poêle et faites-les dorer. Épongez-les alors sur du papier absorbant puis hachez-les grossièrement. Émincez les oignons et faites-les cuire 5 min.

3 Faites frémir le lait et la crème, ajoutez de la noix muscade et du piment de Cayenne à votre goût.

4 Passez les pois cuits au mixeur, puis mélangez-les avec le lait et le beurre coupé en morceaux. N'oubliez pas de saler un peu. Placez la purée ainsi obtenue dans un plat puis disposez dessus le bacon, les oignons et de la ciboulette émincée.

Les conseils de Cyril

Servez cette délicieuse purée avec du porc ou du veau rôti.
Selon la qualité des pois cassés, il faut ajouter ou retrancher du lait pour obtenir la consistance de purée désirée.

Purée de brocolis au thym frais et huile d'olive

Pour **6 à 8 personnes** – Préparation : **35 minutes** – Cuisson : **30 minutes**

Difficulté : ★ - Coût : €

- 1 kg de bouquets de brocolis
- 400 g de pommes de terre
- 1 cuil. à café de thym frais
- 10 cl d'huile d'olive
- 1 botte de ciboulette
- 1 pincée de piment de Cayenne
- 5 cl de lait
- Sel

1 Faites cuire les brocolis au cuit-vapeur ou à l'eau bien salée, en les gardant encore très légèrement fermes. Hachez finement les feuilles de thym frais.

2 Faites cuire les pommes de terre dans de l'eau bouillante légèrement salée pendant 30 min environ. Épluchez-les, passez-les ensuite au presse-purée. Mixez les brocolis, puis mélangez les pulpes obtenues avec la ciboulette finement émincée, l'huile d'olive, le piment de Cayenne, le lait frémissant et le thym. Salez légèrement et servez bien chaud.

Le conseil de Cyril

Cette purée accompagne parfaitement les viandes blanches et les poissons grillés ou cuits au four. Pour bien la réussir, choisissez des brocolis extrêmement frais, ne les faites pas trop cuire et choisissez une huile d'olive de très bonne qualité.

Moussaka

Pour **6 à 8 personnes** – Préparation : **50 minutes** – Cuisson : **50 minutes**

Difficulté : ★★ - Coût : €€

- 600 g d'épaule d'agneau hachée
- 4 grosses aubergines
- 2 oignons blancs hachés
- 3 gousses d'ail hachées
- 1 boîte de tomate en dés
- 1 petit piment rouge épépiné et haché
- 1 botte de coriandre hachée
- 1 cuil. à café de cumin moulu
- 3 pincées de coriandre en poudre
- 3-4 cuil. à soupe d'huile d'olive
- 2 petites poignées de chapelure
- Sel, poivre

1 Équeutez et coupez les aubergines en tranches pas trop fines, dans le sens de la longueur. Salez-les, huilez-les légèrement et faites-les cuire 20 min au four à 180 °C (th. 6). Réservez.

2 Pendant ce temps, faites chauffer de l'huile d'olive dans une cocotte et mettez-y à cuire les oignons pendant 3 min. Ajoutez la viande, l'ail, le piment, le cumin, la coriandre en poudre, du sel et du poivre. Mélangez et laissez cuire 5 min. Ajoutez les tomates, laissez cuire encore 10 min, puis incorporez la chapelure et la coriandre hachée. Goûtez puis retirez du feu.

3 Placez un lit d'aubergines au fond d'un plat, recouvrez de viande, puis d'aubergines et finissez par de la viande. Saupoudrez de chapelure et passez 25 min au four à 210 °C (th. 7).

Les conseils de Cyril

Cette moussaka se sert avec un riz blanc nature.
Vous pouvez très bien remplacer l'agneau par du bœuf.
Si vous trouvez la recette un peu fade, doublez les quantités d'épices.

Mon hachis Parmentier

Pour **8 à 10 personnes** – Préparation : **45 minutes** – Cuisson : **30 minutes**

Difficulté : ★★ - Coût : €

- 800 g de bœuf haché à 15 % de matière grasse
- 1,5 kg de pommes de terre
- 200 g de champignons de Paris
- 1 botte d'oignons nouveaux
- 3 gousses d'ail
- 100 g de comté râpé
- 25 cl de lait
- 150 g de beurre + quelques morceaux pour le plat et la cuisson au four
- 3 cuil. à soupe de graisse de canard
- 3 cuil. à soupe de chapelure
- Sel, poivre

1 Faites- cuire les pommes de terre dans un grand volume d'eau salée. Égouttez-les, épluchez-les et passez-les au presse-purée. Mélangez la pulpe ainsi obtenue avec le lait frémissant et le beurre coupé en morceaux. Salez, poivrez.

2 Épluchez et émincez les oignons. Lavez et hachez les champignons. Épluchez l'ail et hachez-le.

3 Faites chauffer la graisse de canard et ajoutez-y les oignons et les champignons. Faites cuire environ 8 min, en mélangeant régulièrement, puis ajoutez la viande et l'ail. Mélangez et faites cuire encore 5 min. Salez, poivrez et sortez du feu.

4 Beurrez un plat ovale (35 × 25 cm) et versez-y la viande. Faites une couche assez plate et versez la purée par-dessus. Lissez la surface. Parsemez de quelques parcelles de beurre, saupoudrez de comté et de chapelure, puis passez au four préchauffé à 200 °C (th. 6-7) pendant 30 min.

Les conseils de Cyril

Goûtez bien votre viande avant de la verser dans le plat : après il sera trop tard pour rectifier son assaisonnement si elle est trop fade.
Ne servez pas ce hachis brûlant ; laissez-le plutôt refroidir quelques minutes avant de passer à table.

Hachis de haddock et courgettes en gratin

Pour **8 personnes** – Préparation : **30 minutes** – Cuisson : **1 heure**

Difficulté : ★★ - Coût : €€€

- 800 g de haddock
- 1,2 kg de petites courgettes
- 400 g de pommes de terre
- Le jus de 1 citron vert
- 1 botte de coriandre
- 2 l de lait
- 40 g de beurre
- 10 cl d'huile d'olive
- 1 pincée de piment de Cayenne
- 3 cuil. à soupe de chapelure
- Sel

1 Lavez les courgettes, éliminez les extrémités, puis coupez-les en tranches. Épluchez les pommes de terre et coupez-les en tranches. Prélevez les feuilles de la botte de coriandre.

2 Démarrez la cuisson des pommes de terre au cuit-vapeur. Après 15 min, ajoutez les courgettes. Laissez cuire encore 20 min environ.

3 Passez les légumes au presse-purée, puis mélangez la pulpe obtenue avec la coriandre finement hachée, l'huile d'olive, le jus de citron vert et le piment de Cayenne. Salez légèrement.

4 Pochez le haddock dans le lait quelques minutes, puis éliminez les arêtes et la peau. Dans le plat, déposez 1 couche de purée puis 1 couche de haddock et enfin 1 couche de purée. Parsemez de beurre en morceaux et saupoudrez de chapelure. Faites cuire au four préchauffé à 200 °C (th. 6-7) pendant 20 min.

Les conseils de Cyril

Vous pouvez remplacer le haddock par de la morue ou du cabillaud. Dans ce cas, n'oubliez pas de bien saler le poisson.
Vous pouvez aussi saupoudrer le hachis de fromage avant de le mettre à gratiner au four.

Hachis de pêches, fraises à la menthe et vin blanc

Pour **4 personnes** – Préparation : **25 minutes**

Difficulté : ★ - Coût : €€

- 4 pêches (2 jaunes, 2 blanches)
- 1 barquette de fraises de 250 g
- Quelques feuilles de menthe
- Le jus de 1 citron vert
- 4 cuil. à soupe de sucre
- 1/2 bouteille de coteaux du Layon bien fraîche

1 Plongez les pêches quelques instants dans de l'eau bouillante puis refroidissez-les sous l'eau courante ; pelez-les. Lavez et équeutez les fraises. Émincez les feuilles de menthe. Coupez 4 tranches fines de citron vert et pressez le reste pour en extraire le jus.

2 Au couteau, hachez grossièrement tous les fruits. Mélangez-les avec la menthe, le sucre puis répartissez-les dans 4 verres.

3 Arrosez avec un peu de jus de citron et du vin du Layon très frais. Servez sans attendre.

Les conseils de Cyril

Servez ce délicieux dessert aussi frais que possible. Pour bien faire, pensez à mettre le vin dans le congélateur pour qu'il soit bien glacé.
Vous pouvez aussi prendre des brugnons, des figues (pas trop mûres), du melon ou des framboises.

À la bonne franquette

Purée de pommes de terre, huile d'olive, ail nouveau et basilic

Pour **6 à 8 personnes** – Préparation : **25 minutes** – Cuisson : **30 minutes**

Difficulté : ★ - Coût : €

- 1,5 kg de pommes de terre
- 6 gousses d'ail nouveau
- 1 botte de basilic
- 10 cl de lait
- 15 cl d'huile d'olive
- Noix muscade
- Piment de Cayenne
- Sel

1 Faites cuire les pommes de terre à la vapeur jusqu'à ce qu'elles soient tendres, puis épluchez-les. Passez-les au presse-purée.

2 Épluchez l'ail et hachez-le, puis faites-le cuire lentement dans l'huile d'olive pendant 5 min. Attention : l'huile ne doit surtout pas frire.

3 Faites frémir le lait en ajoutant de la noix muscade et du piment de Cayenne à votre goût.

4 Ajoutez aux pommes de terre le lait frémissant, l'huile, l'ail et le basilic grossièrement haché ; remuez. Salez légèrement. Si la purée est trop épaisse, ajoutez un peu de lait.

Les conseils de Cyril

Cette purée est parfaite avec des poissons ou de la viande grillée.
La saveur de l'ail nouveau cuit dans l'huile d'olive est vraiment unique.
Pour bien faire, préparez cette recette au mois de juin avec des gousses d'ail nouveau.

Caviar d'aubergines

Pour **6 personnes** – Préparation : **35 minutes** – Cuisson : **40 minutes** – Repos : **1 heure**

Difficulté : ★ - Coût : €

- 6 belles aubergines
- 3 gousses d'ail
- Le jus de 1 citron
- 10 cl d'huile d'olive
- 1 botte de basilic
- 1 branchette de thym frais
- Sel, poivre de Cayenne

1 Coupez les aubergines dans le sens de la longueur puis faites-les cuire 40 min au four à 180 °C (th. 6). Laissez refroidir un moment avant de récupérer les chairs cuites à l'aide d'une cuillère à soupe. Mixez-les. Épluchez l'ail et hachez-le. Effeuillez le basilic et émincez-le. Effeuillez le thym. Pressez le citron.

2 Dans un saladier, mélangez l'ail, le jus de citron, l'huile, le basilic et le thym. Mélangez la pulpe d'aubergines cuite à la sauce ainsi obtenue ; salez et poivrez. Laissez au frais au moins 1 heure avant de déguster.

Les conseils de Cyril

Le caviar d'aubergines se déguste glacé sur des toasts de pain de campagne encore chauds. Prenez le soin d'éliminer les germes des gousses d'ail : ils ne se digèrent pas.

Hachis de pétoncles au citron vert

Pour **4 personnes** – Préparation : **25 minutes**

Difficulté : ★ - Coût : €

- 400 g de pétoncles surgelés
- Le jus de 1 citron vert
- 1/2 cuil. à café de zestes de citron vert hachés
- 2 cuil. à soupe de flocons de pommes de terre
- 1 botte de ciboulette émincée
- 3 cuil. à soupe d'huile d'olive
- Sel, poivre

1 Entre vos deux mains, pressez fortement les pétoncles décongelés pour en chasser le maximum d'eau. Hachez-les assez grossièrement à l'aide d'un gros couteau.

2 Placez les pétoncles hachés dans un saladier. Ajoutez le jus de citron vert, les zestes, les flocons de pommes de terre, la ciboulette, l'huile d'olive, du sel et du poivre.

3 Remplissez des verres avec le mélange ainsi préparé en pressant légèrement. Servez aussitôt.

Les conseils de Cyril

Cette entrée, qui se déguste à la cuillère, doit être servie très fraîche.
Les pétoncles sont en fait de petites coquilles Saint-Jacques. Leur saveur est très subtile.
Si vous avez des petits moules souples, vous pouvez les remplir de hachis, laisser prendre au frais quelques heures, puis les démouler et les servir avec un coulis de tomate.

Brandade de morue

Pour **6 à 8 personnes** – Préparation : **40 minutes** – Cuisson : **30 minutes**

Difficulté : ★ - Coût : €€€

- 1 kg de morue prête à cuire
- 1,2 kg de pommes de terre
- 6 gousses d'ail
- 8 cl de lait bouillant
- 12 cl d'huile d'olive
- Sel, poivre de Cayenne

1 Épluchez les pommes de terre et faites-les cuire dans de l'eau légèrement salée. Placez les morceaux de morue dans un plat huilé et faites-les cuire 30 min dans le four préchauffé à 180 °C (th. 6).

2 Épluchez les gousses d'ail puis hachez-les et faites-les cuire lentement dans l'huile d'olive pendant 5 min. Attention : l'huile ne doit surtout pas frire.

3 Égouttez les pommes de terre. Éliminez les arêtes et la peau du poisson. Dans un saladier, pilez ensemble les pommes de terre et la morue pour obtenir un mélange assez grossier.

4 Ajoutez le mélange huile-ail, le lait, un peu de sel (attention, le poisson est déjà bien salé) et du poivre de Cayenne à votre goût. Servez bien chaud.

Les conseils de Cyril

La consistance de la brandade s'ajuste en ajoutant ou en enlevant un peu de lait.
Pour bien faire, préparez cette recette au mois de juin avec des gousses d'ail nouveau. Prenez aussi une très bonne huile d'olive : c'est elle qui donne à la recette une bonne partie de sa saveur.

Hummous

Pour **6 personnes** – Préparation : **25 minutes**

Difficulté : ★ - Coût : €

- 400 g de pois chiches cuits et égouttés
- Le jus de 2 citrons
- 3 gousses d'ail
- 4 cuil. à soupe de tahin (épiceries bio)
- 1 cuil. à soupe de cumin
- 3 pincées de poivre de Cayenne
- 10 cl d'huile d'olive
- 5 cl d'eau minérale
- 5 cl de crème
- Sel

1 Épluchez les gousses d'ail et faites-les cuire 2 min dans de l'eau bouillante.

2 Dans le mixeur, assemblez l'ail, les pois chiches, le tahin, le cumin, le poivre de Cayenne, la crème, l'huile, l'eau et le jus des citrons. Salez et mixez pour obtenir une pâte très fine. Vérifiez l'assaisonnement et présentez dans un joli saladier.

Les conseils de Cyril

Cette recette est encore meilleure si vous la préparez avec des pois chiches cuits « maison ».
Si le hummous paraît trop ferme, rajoutez un peu d'eau minérale ou de crème.
Donnez une autre saveur à cette recette en utilisant de l'huile de sésame.

Mini-tartares de bœuf à la japonaise

Pour **4 personnes** – Préparation : **25 minutes** – Refroidissement : **2 heures**

Difficulté : ★ - Coût : €

- 250 g de bœuf haché très maigre
- 1 gousse d'ail finement hachée
- 1/2 botte de ciboulette hachée
- 2 cuil. à soupe de graines de sésame grillées
- 1 cuil. à café de sucre en poudre
- 4 cuil. à soupe de sauce soja
- 2 cuil. à soupe d'huile de sésame
- 1 cuil. à soupe de vinaigre de xérès
- 6 tours de moulin à poivre

1 Assemblez la viande dans un saladier, puis ajoutez l'huile, les graines de sésame, le poivre, la sauce soja, le vinaigre, le sucre, l'ail et la ciboulette.

2 À l'aide d'une cuillère à soupe, remplissez délicatement des petits moules souples de votre choix avec le bœuf mariné en tassant bien. Placez au réfrigérateur pendant 2 heures, puis démoulez délicatement et servez avec une salade verte.

Les conseils de Cyril

Pour obtenir une tout autre saveur, vous pouvez aussi faire mariner la viande hachée avec du jus de citron, du basilic, de l'huile d'olive et un soupçon de parmesan râpé.
Avec ce plat frais et léger, essayez la fraîcheur désaltérante d'une bonne bière japonaise.

John Bentham remercie Judd Street Gallery, Pattern Papers pour les fonds de ce titre, et Liberty Londres pour les tissus.

Direction : Stephen Bateman
Direction éditoriale : Pierre-Jean Furet
Édition : Christine Martin
Correction : Marie Vendittelli
Conception intérieure : Dune Lunel
Réalisation intérieure : MCP
Couverture : Claire Guigal
Fabrication : Amélie Latsch

Dépôt légal : janvier 2007
ISBN : 978-2-0162-1048-2
62-66-1048-01-8

Impression : G. Canale & C.S.p.A., Turin (Italie).